Couverture inférieure manquante

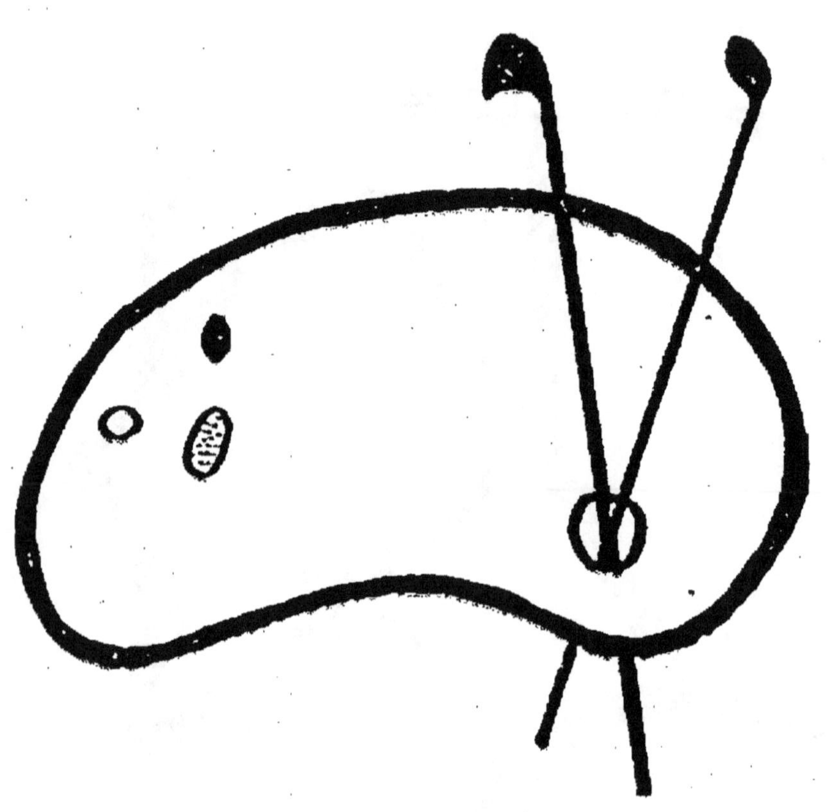

DEBUT D'UNE SERIE DE DOCUMENTS
EN COULEUR

Georg. BREUILLAC

PARALLÈLE

ENTRE L'UNION

DE LA PROVENCE & DE LA FRANCE

ET LES ANNEXIONS DES AUTRES PROVINCES.

Chacun la convoitait ; mais à la France éprise,
Elle voulut, sans qu'on l'eût prise,
Libre, se donner librement.

(Chant populaire couronné au concours.)

AIX
ACHILLE MAKAIRE, LIBRAIRE ÉDITEUR,
2, rue du Pont-Moreau.
1887

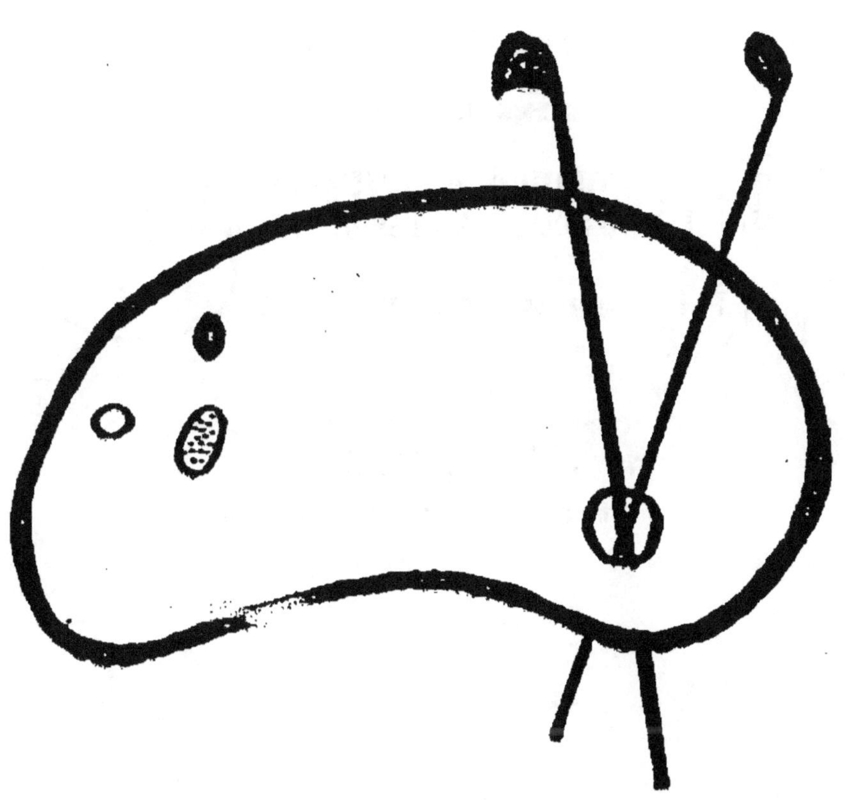

FIN D'UNE SERIE DE DOCUMENTS
EN COULEUR

Georg. BREUILLAC

PARALLÈLE

ENTRE L'UNION

DE LA PROVENCE & DE LA FRANCE

ET LES ANNEXIONS DES AUTRES PROVINCES.

Chacun la convoitait; mais à la France éprise,
Elle voulut, sans q'on l'eût prise,
Libre, se donner librement.

(Chant populaire couronné au concours.)

AIX
ACHILLE MAKAIRE, LIBRAIRE ÉDITEUR,
2, rue du Pont-Moreau.
1887

PARALLÈLE

ENTRE L'UNION

DE LA PROVENCE & DE LA FRANCE

& les Annexions des autres Provinces.

I.

Dans les siècles où les rois de la troisième race
construisaient et cimentaient l'édifice de la grande patrie
française, comme, on l'a dit et répété, les abeilles font
leurs ruches, trois pays sont venus librement se fondre
dans l'unité nationale : Lyon pour être débarrassé
des compétitions de ses comtes et de ses archevêques ;
l'Aunis par lassitude du joug anglais ; la Provence

en vertu d'une délibération de ses Etats acceptant le
souverain désigné dans le testament de son dernier
comte.

Presque enfant d'un de ces pays et attaché par des
liens plus récents mais aussi étroits à un autre, à
l'occasion de la fête du quatrième anniversaire de la
réunion de la Provence, il nous a paru intéressant
pour les étrangers en même temps que glorieux pour
notre amour-propre de faire une étude comparée de
l'histoire de la venue de la Provence à la mère commune d'une part, et de celle de l'annexion des autres
provinces d'autre part, ainsi que de mettre en relief la
situation particulière qui fut faite à la Provence après
sa réunion.

L'épigraphe que j'ai prise repose plutôt sur la
légende que sur des textes historiques. La Provence a
hésité sept ans avant de se donner à la France, de
1481 à 1487; et, si ses Etats n'eussent pas adhéré aux
dernières volontés de Charles d'Anjou, Charles VIII
qui, peu d'années après, libre des entraves féodales, se
trouva assez puissant pour réaliser un instant la conquête de l'Italie, eut sans doute opéré l'union par la
force. Il y eut en 1487 des protestations à côté des
adhésions, et la France ne fut pas sans provoquer
certains enthousiasmes. Si donc j'avais à écrire un
mémoire sur la Provence, je n'oserais peut-être pas

adopter une thèse aussi affirmative. Mais ce qui n'est pas une vérité absolue est une vérité contingente. En comparant les conditions dans lesquelles se produisit l'union de la Provence et de la France à celles des autres annexions de provinces, il est juste de dire qu'elle fut une des plus volontaires.

II.

A la fin du XIIIᵉ siècle le régime féodal, qui avait couvert l'Europe occidentale et eu ses heures de grandeur, commença à décliner; la suzeraineté royale se transforma en souveraineté effective. La lutte alors s'engage entre le morcellement féodal et l'unité monarchique. Les Etats qui occupaient la plus grande partie du sol de l'ancienne Gaule, base de l'unité morale de la France, se concentrent peu à peu autour du roi, entrent dans son domaine et forment une patrie commune. La nation se constitue à mesure que le domaine s'étend. Ce mouvement, commencé sous Philippe-Auguste et sous Louis IX, se développe rapidement sous Philippe-le-Bel. La royauté emploie vis-à-vis des Etats vassaux les moyens de la politique extérieure. Elle établit son influence dans le pays qu'elle cherche à réunir au domaine, elle s'y fait des partisans, s'y crée des intérêts ; de sorte que son autorité est déjà fortement assise lorsque l'annexion s'accomplit. La guerre de Cent ans éveilla le sentiment national. Quand elle se termine, quand toutes les provinces perdues ont été reconquises, l'hostilité de la nation contre le régime féodal, la fermeté et la tenacité de Louis XI donnent au mouvement unitaire une force irrésistible.

Pendant cette période et jusqu'à la Révolution l'Etat se distingue à peine de la maison régnante. Dans le langage des légistes et des politiques, la couronne et l'Etat, le territoire de la France et le domaine de la couronne étaient des expressions synonymes. L'Etat faisait valoir tous les droits du roi. Or, le roi n'acquérait pas seulement comme roi, mais comme membre d'une famille qui avait des Etats souverains ou vassaux dans son patrimoine et qui s'alliait à d'autres familles dont le patrimoine comprenait également des Etats vassaux ou souverains.

Il en résulte que des modes d'acquisition divers ont concouru à la formation du territoire de la France. Certaines provinces ont été rattachées à la couronne par des mœurs de droit public encore en usage, telles que la conquête, les traités, la volonté populaire ; d'autres y sont venues par des modes du droit civil, tels que les contrats de mariage, les successions, les échanges, les achats. Enfin deux modes particuliers au régime féodal ont aussi concouru à la formation de l'Etat français. Je veux parler de la règle qui réunissait à la couronne les fiefs appartenant au roi à son avènement au trône et de la confiscation. Le fief, en effet, pouvait faire retour au roi par une confiscation en cas de délit commis par le vassal. C'est ainsi que, par décision de la Cour des pairs, les états de Jean-sans-Terre sur le continent furent confisqués au profit de la couronne, après le meurtre d'Arthur de Bretagne.

Enfin en 1789, deux provinces ont été réunies à la France : le Nivernais et le Comtat-Venaissin. Deux autres ont été acquises depuis cette époque : la Savoie et le comté de Nice. Ces agrandissements du territoire national ont eu lieu en vertu des règles du droit moderne.

Voici le résumé historique de la réunion à l'Etat des différentes provinces suivant le mode qui a procédé à cette annexion. La France avant la Révolution se composait (Nivernais compris) de trente-deux gouvernements comprenant trente-cinq provinces : l'Artois et la Picardie, la Saintonge et l'Angoumois, la Guyenne et la Gascogne étaient réunies deux par deux en un seul gouvernement. Si nous défalquons de ces trente-cinq, l'Ile de France et l'Orléanais, domaine des Capétiens, qui ont été le noyau autour 'uquel sont venus se grouper les autres, puis l'Alsace que nous avons malheureusement perdue, enfin la Provence qui fera l'objet d'une étude spéciale, nous avons à nous occuper seulement de trente-et-une provinces anciennes, du Comtat-Venaissin qui en 1789 appartenait aux papes et des deux pays acquis au XIX⁰ siècle, soit trente-quatre.

On va voir que deux territoires ont été réunis par contrat de mariage, deux par succession, six par confiscation, quatre par l'effet de l'avènement au trône de leurs possesseurs, trois par achat, un par échange, douze par la guerre ou les traités, quatre par libre adhésion.

Contrats de mariage.

1º Jeanne Iʳᵉ, héritière des comtes de Champagne, apporta le comté en dot à son époux Philippe-le-Bel, en 1284. Cependant la réunion officielle ne fut prononcée qu'en 1361.

2º La dernière duchesse régnante de Bretagne épousa successivement deux rois de France : Charles VIII (1491) et Louis XII (1499). Sa fille Claude, après avoir épousé François Iᵉʳ, assura à la France ce bel héritage, (1514 et 1515), la réunion solennelle eut lieu en 1532.

Successions.

1° Languedoc. — A la suite de la croisade des Albigeois, Amaury de Montfort, à qui le comté avait été dévolu, le céda au roi de France Louis VIII, et cette cession fut confirmée en 1229 par un traité entre Raymond VII et Saint Louis. Ce dernier mit son frère Alphonse en possession du Languedoc, mais, Alphonse étant mort sans enfants, la province fut réunie à la couronne par Philippe-le-Hardi en 1271.

2° Le duché de Bourgogne était un fief mâle. Charles-le-Téméraire, le dernier duc, n'ayant laissé qu'une fille, Marie, qui épousa Maximilien d'Autriche, le duché de Bourgogne revint alors à la couronne de France (1477). La Bresse et le Bugey qui dans l'ancienne monarchie faisaient partie du gouvernement de Bourgogne n'ont été réunis qu'en 1601 par un traité d'échange entre Henri IV et le duc de Savoie, auquel on donna le marquisat de Saluces.

Confiscations.

1° Duché de Normandie. — En 1203 Philippe-Auguste confisqua cette province sur Jean-sans-Terre, lorsque celui-ci, après avoir assassiné l'héritier du duché, Arthur, son neveu, eut refusé de comparaître devant la Cour des pairs de France, et il le réunit à la couronne. La Normandie resta entre les mains des Anglais jusqu'au règne de Charles V qui la reprit. Charles VI la perdit de nouveau ; mais elle fut définitivement reconquise sous Charles VII (1450).

2° L'Anjou avait été confisqué sur Jean-sans-Terre en même temps que la Normandie. Louis VIII le laissa à son plus jeune fils, qui fut la tige de la maison qui régna sur Naples et la Sicile. Le dernier rejeton de cette famille fut Charles IV, qui institua Louis XI son héritier, et l'Anjou fut alors irrévocablement réuni à la France en 1482.

3° L'histoire de l'annexion du Maine à la France est la même que celle de l'Anjou. Il a appartenu successivement aux Plantagenets et à la maison d'Anjou.

4° Philippe-Auguste confisqua la Touraine en 1203 sur Jean-sans-Terre. Le roi Jean l'érigea en duché-pairie en faveur de son fils Philippe, depuis duc de Bourgogne. Elle a plus tard été plusieurs fois donnée en apanage ; mais après la mort de François, duc d'Alençon, elle a été définitivement réunie à la couronne, en 1584.

5° La province du Bourbonnais formait autrefois

le domaine des sires de Bourbon, descendants de Saint-Louis. Elle fut réunie à la couronne après la défection du connétable, en 1523.

6° La Marche a été aussi confisquée au préjudice du connétable.

Effets de l'avénement au trône.

1° L'Angoumois, ou comté d'Angoulème, devint en dernier lieu l'apanage de Louis d'Orléans, fils de Charles VI, qui le donna à son fils puiné, lequel fut la tige des Valois-Angoulème. Par l'avènement de François Ier au trône, en 1515, l'Angoumois fit retour à la couronne.

2° La Navarre et le Béarn furent réunis à la France par Henri IV, qui les tenait du chef de sa mère Jeanne d'Albret ; cependant la réunion effective n'eut lieu que sous Louis XIII, en 1620.

3° Les destinées du comté de Foix depuis le mariage de Catherine de Foix avec le sire d'Albret, en 1484, ont été celles de la Navarre. — C'est l'avénement d'Henri IV qui a amené l'annexion de cette province à la France.

4° Depuis le XIIIe siècle le comté d'Auvergne appartenait à la famille de la Tour. En 1521 la comtesse

Anne légua le comté à Catherine de Médicis, et celle-ci le transporta, en 1589, à Charles d'Angoulème, fils naturel de Charles IX qui se le vit enlever en 1606 par Marguerite de Valois. Il fut cédé par cette dernière à Louis XIII, encore dauphin, qui le réunit à la couronne en montant sur le trône en 1610.

Conquêtes ou traités.

1° Le Limousin qui faisait partie de la dot qu'Eléonore d'Aquitaine porta à Henri II Plantagenet, avait été conquis une première fois par Philippe-Auguste en 1203 ; mais Saint-Louis le remit aux Anglais en 1259. Il revint à la couronne de France sous Charles V, en 1369.

2° En 1375, Duguesclin conquit la Saintonge et Charles V la réunit à la couronne en 1375.

3° Charles V recouvra le Poitou sur les Anglais en 1359 et le donna à son frère Jean, duc de Berri, à la mort duquel cette province fut définitivement réunie à la France.

4° et 5° La Guyenne a été acquise par la conquête sous Charles VII en 1453. — Il en a été de même de la Gascogne.

6° Le Roussillon, conquis sous Louis XIII, a été cédé par l'Espagne à la France, en 1659, par le traité des Pyrénées.

7° et 8° L'Artois a été réuni à la France à la même époque. — La Picardie avait été prise, en 1483, à Charles-le-Téméraire.

9° La Flandre, conquise sous Louis XIV, nous a été définitivement cédée par la paix de Nimègue, en 1678.

10° La Franche-Comté a subi le même sort.

11° Le Nivernais fut acheté, en 1659, par Mazarin qui le légua à son neveu, Philippe Mancini-Mazarin, dans la maison duquel il est resté jusqu'en 1789, époque ou le dernier duc de Nivernais, Louis-Jules Mazarin, fut dépossédé.

12° En 1791, l'assemblée législative déclara le Comtat-Venaissin réuni à la France, ainsi que la ville d'Avignon ; le tout forma le département de Vaucluse. Les traités de Tolentino et de Lunéville ratifièrent cette réunion.

Echange.

En 1738, le duché de Lorraine fut d'après un arrangement fait avec la France cédé au roi de Po-

logne, Stanislas Leczinski, beau-père de Louis XV,
par le duc François III qui reçut en échange le duché
de Toscane. Après la mort de Stanislas, la Lorraine
revint définitivement à la France (1766). Une partie
de cette province, les Trois Evêchés, avait été acquise,
en 1555, par la conquête confirmée par les traités de
Cateau-Cambrésis, en 1558, et de Westphalie, en 1648.

Achats.

1° Le Dauphiné fut acheté en 1349 de Humbert II,
dauphin de Viennois, pour 20000 florins. Le traité
stipulait que l'héritier de la maison de France porterait
le titre de dauphin.

2° Le 15 mai 1767, la République de Gênes
vendit ses droits sur la Corse à Louis XV, moyennant
le paiement de 40000000 fr.

3° Vers 1095, Arpin, vicomte de Bourges, vendit
son fief du Berri à Philippe Ier, roi de France, pour
prendre la croix, et depuis ce moment ce fief ne fut
détaché de la couronne que pour servir d'apanage
aux princes du sang.

Unions volontaires.

1° Les seigneurs du Lyonnais et les archevêques de Lyon se disputant sans cesse la souveraineté de la capitale du pays, cette grande ville se mit, en 1307, sous la protection de Philippe-le-Bel qui la réunit à la couronne avec son territoire. Le Forez et le Beaujolais, qui formaient avec le Lyonnais un des trente-deux gouvernements de l'ancienne monarchie, ont été réunis en 1531 à la couronne. Ils appartenaient au connétable de Bourbon et furent confisqués après sa défection.

2° L'Aunis secoua le joug anglais, en 1371, pour se donner à Charles V.

3° La Savoie a été cédée à la France, en 1860, par le roi de Sardaigne, et cette cession a été aussitôt confirmée par le suffrage universel des habitants.

4° Le Comté de Nice a été réuni à la France également à la suite de l'intervention de la France en faveur de la Sardaigne contre l'Autriche.

III.

Aujourd'hui, quoique pensent et enseignent M. Bluntschli et l'école historique allemande, pour la

plus grande utilité du peuple germanique, à savoir
que les nations sont des êtres moraux qui obéissent à
des lois fatales de développement, et pour lesquels
c'est un droit d'absorber ce qui est nécessaire au
complément de leur organisme, il est généralement
admis qu'on ne peut disposer des populations sans
leur consentement. C'est dans ces conditions, après
un plébiscite qui donna une écrasante majorité aux
partisans de l'union avec la France, que le comté de
Nice et la Savoie sont entrés dans la grande famille
française.

Mais avant les progrès du droit des gens, il n'en
était pas ainsi. Conquis ou cédés en vertu des conven-
tions de leurs seigneurs, ou encore annexés par l'effet
des règles du droit féodal, les peuples étaient traités
comme des troupeaux.

Ce n'est pas que, dès cette époque, il n'y eut des
formes protectrices. Ainsi, pendant la féodalité, le
seigneur ne pouvait donner son vassal. Lorsque l'usage
s'introduisit de convoquer des assemblées représen-
tatives des ordres de la nation, un principe s'introduisit
que le roi ne pouvait aliéner aucune partie du royaume
sans la permission des États-Généraux. Mais dans
l'application ces maximes étaient souvent violées. Si
l'opposition du duc de Bretagne et de la noblesse du
pays empêcha Philippe-le-Bel de céder à l'Angleterre

ses droits de suzeraineté sur le duché, Edouard, à son tour renonçant à ses droits sur la Guyenne en faveur de la France, ne prit point l'avis des populations cédées et se crut quitte envers elles en faisant son *meâ culpâ* de la transgression des principes. « Nous avons fait de vous et de votre duché, écrivait-il à ses vassaux de Guyenne, certaines obéissances au roi de France ; par là nous nous sommes rendus coupables envers vous, puisque nous l'avons fait sans votre consentement. »

En 1359 le régent, ne voulant pas accepter les conditions de paix que l'Angleterre avait imposées au roi Jean et qui ramenaient la France aux limites qu'elle avait du temps de Louis VII, convoqua les Etats-Généraux. Mais, dès l'année suivante, le traité de Brétigny fut signé sans que les Etats eussent été consultés. Il y eut des protestations. Les comtes de Périgord, de Comminges, d'Armagnac réclamèrent, disant « qu'il n'appartenait pas au roi de les quitter, et que par droit il ne le pouvait faire. » Cahors déclara qu'elle « n'avouerait » pas le roi d'Angleterre ; La Rochelle qu'elle « ne l'avouerait que des lèvres, » mais le traité fut exécuté.

On consultait les intéressés quand on voulait se retrancher derrière leurs décisions pour ne pas exécuter un traité fâcheux. C'est ce que fit François Ier

après le traité de Madrid, en 1526. Mais si la royauté acceptait d'un cœur léger les diminutions de territoire, elle se gardait bien d'avoir recours à une forme quelconque de ratification. En 1763 Louis XV céda le Canada à l'Angleterre et la Louisiane à l'Espagne. Ces deux aliénations de territoire étaient contraires aux vœux des habitants. La Nouvelle-Orléans fut livrée de force (1769).

Il faut d'ailleurs remarquer que dans les quelques espèces que nous venons de rapporter, où il y eut un semblant de consultation, il s'agissait non pas d'union, mais de séparation, et que cette séparation se produisait non dans des fiefs particuliers, mais au détriment du domaine de la couronne.

En Angleterre où, jusqu'au commencement du XIII⁰ siècle, l'autorité royale, fondée sur la conquête, était restée puissante, les rois admettaient difficilement une restriction quelconque à leur pouvoir. Richard-Cœur-de-Lion ne se fit pas scrupule de vendre au roi d'Ecosse son droit de suzeraineté avec Berwick et Roxburgh, et il disait : « Je vendrais Londres si je pouvais trouver un acheteur. »

Au XIX⁰ siècle lorsqu'on refuse de consulter les habitants d'un pays, comme les Allemands l'ont fait pour l'Alsace-Lorraine, on leur accorde au moins le *droit d'option.* Jadis il y avait tout au plus la faculté cruelle d'expatriation. Nous en voyons bien un exemple dans le traité du 12 juin 1451 garantissant aux habitants du Bordelais, du Bazadais et de l'Agenois, qui étaient sous la souveraineté du roi d'Angleterre depuis le traité de Brétigny et qui ne voulaient pas prêter serment au roi de France, un délai d'un an pour régler leurs affaires et emporter leurs meubles, (V. plus tard traité de Ryswick, article 17, en ce qui concerne Strasbourg); mais rien ne prouve que cette clause fut d'un usage général et qu'elle remontât avant 1451.

La Provence échappa à ces coutumes barbares. Si le testament de Charles IV fut le titre des rois de France à son acquisition dans une certaine mesure juridique, on peut affirmer cependant en fait qu'elle se donna plus librement que l'Aunis, qui chassa les Anglais et se jeta dans les bras de Charles-le-Sage, et le Lyonnais qui réclama la suzeraineté protectrice du roi de France. Entre deux maux, ceux-ci choisissaient le moindre. L'Aunis d'ailleurs essaya plus tard de se séparer de l'Etat français, et on connaît le fameux siège que Richelieu dut faire subir à sa capitale pour la ramener à l'obéissance. Ce qui est vrai pour Lyon et sa banlieue n'est pas exact, nous l'avons vu, pour le reste de la province : le Forez et le Beaujolais.

Les populations provençales ne furent pas cédées comme il semblerait tout d'abord, simplement, par l'effet d'un acte de droit civil ; elles purent, par l'organe de leurs représentants, débattre les conditions de leur union, et ces conditions furent acceptées telles qu'elles étaient proposées. En effet, après la mort du dernier prince de la maison d'Anjou, Louis XI, qui ne lui survécut d'ailleurs que deux ans, ne prit pas immédiatement possession de la Provence. Palamède Forbin fut nommé gouverneur du pays avec un pouvoir souverain et absolu. Disgracié en 1483, il fut remplacé par Amar de Poitiers, seigneur de Saint-Vallier, aïeul de cette fameuse Diane « dont le sourire illumina deux règnes. » Cependant le duc de Lorraine, issu de René d'Anjou et son successeur légal, était cher à certains Provençaux ; il demandait le comté aux États-Généraux de France assemblés à Tours, et Anne de Beaujeu, régente pendant la minorité de Charles VIII, avait besoin de tout son esprit politique pour écarter ses prétentions. Plusieurs communautés s'étaient déjà prononcées en faveur du prétendant : il était temps de régler la succession de Charles IV.

En 1486 le parti français, que diverses causes grossissaient de jour en jour, députa vers le roi de France pour préparer de concert avec lui l'union définitive. On ne termina pas dans une assemblée d'États tenue au mois de mai, parce que le parti lorrain y leva fièrement la tête. Mais dans une nouvelle assemblée du mois d'août on délibéra unanimement de se donner d'un cœur franc au roi de France, sous la condition que les coutumes et libertés seraient maintenues et que le pays, inséparable de la couronne de France, y serait attaché non *comme un accessoire à un principal, mais comme un principal à un autre principal.* Le roi accepta l'offre et les conditions pour lui et ses successeurs. Les lettres-patentes de Charles VIII du mois d'octobre 1486 portent : *adjoignons et unissons à la dite couronne sans qu'à icelle couronne, ni au royaume, ils soient pour ce aucunement subalternés ;* et les ordres, de rechef assemblés l'année suivante, supplièrent le roi de persévérer dans ses intentions et déclarèrent, dit Rouchon-Guigues dans son Résumé de l'histoire de Provence, page 216, *au milieu des cris d'une joie vive et des bénédictions du peuple, confirmer, ratifier et homologuer l'union.* Cet acte de la volonté nationale, garanti par 12 prélats, 60 seigneurs, 25 vigueries, bailliages, vallées ou communautés, déconcerta le duc de Lorraine et ses partisans. Il doit être considéré comme le complément indispensable de la volonté de Charles IV, le vrai point de départ de l'union de la Provence à la France.

La régente de France comprit bien que le droit résultant pour l'Etat français des dispositions testamentaires de Charles IV n'était pas incontestable, puisque, dès 1485, elle se hâtait de transiger avec l'héritier légitime et de le désintéresser en lui donnant 100 lances entretenues et une pension annuelle de 36,000 livres.

Ainsi que la Provence, deux autres pays de grande étendue, ayant possédé des maisons souveraines puissantes et vivaces, ont été unies à la France vers la même époque. La Bourgogne et la Bretagne aussi avaient des Etats. Cependant je ne sache pas qu'aucune d'elles ait été admise à débattre aussi librement les conditions de son union. Quand, après la mort du Téméraire sous les murs de Nancy, en 1477, les Etats de Bourgogne, réunis à Dijon, acceptèrent les propositions de Louis XI, le sire de Craon, Charles d'Amboise, le prince d'Orange et l'évêque de Langres étaient entrés dans le duché avec 700 lances appuyant les prétentions de leur maître. Ce fut plutôt une capitulation qu'une libre adhésion.

Si le 7 juillet 1492 Charles VIII, gouvernant comme duc de Bretagne et non comme roi de France, confirma tous les privilèges des Bretons et s'il promit aux trois Etats de la Duché, convoqués à Nantes le 8 novembre

1492, qu'aucun « fouage, aide ou subside » ne serait levé
sans leur aveu et que nul n'aurait droit d'appeler des
grands jours de Bretagne au parlement de Paris, sinon
pour déni de justice ou faux jugement, il ne faut pas
perdre de vue ce qui s'était passé l'année précédente.
Lorsque Anne, *l'épouse de Maximilien et la reine
des Romains,* avait livré sa duché et sa main au fils
de Louis XI, son patrimoine était envahi, la duchesse
était cernée dans Rennes avec le maréchal et le chan-
celier de Bretagne, Rieux et Montauban, le maréchal
du roi des Romains et ce qui restait d'auxiliaires
anglais, allemands et espagnols. Depuis la bataille de
Saint-Aubin-du-Cormier où François II, le père de
Anne, avait été vaincu, malgré l'appui du duc d'Orléans et du sire d'Albret, les jours d'indépendance de
la Bretagne étaient comptés. — Cette province protesta
contre la domination française au temps de la ligue,
sous Mercœur ; au XVIIIe siècle, contre le Régent ;
elle protestait encore à la veille de 1789, et les luttes
qu'elle soutint contre la Révolution peuvent être con-
sidérées à certain point de vue comme une dernière
protestation de la vieille Gaule celtique contre les idées
et les choses de la France moderne.

Pour trouver une adhésion aussi libre que celle de
la Provence, il faut arriver à la réunion que les habitants de la Savoie et du comté de Nice, consultés par

la voie du plébiscite, demandèrent à une majorité considérable. Chose curieuse, l'un de ces pays, sous la maison d'Anjou, était considéré comme le complément de la Provence, c'étaient les territoires d'Outre-Var. Les voilà réunis à leurs frères, sous la même autorité, avec la même origine. Nous avons la profonde conviction qu'ils y resteront aussi volontiers, partageant nos gloires et nos malheurs, comme la Provence depuis 400 ans. L'Alsace n'est-elle pas la preuve que les pays les derniers venus dans la grande famille française sont les plus dévoués et les plus fidèles !

IV.

En 1789 il existait en France ce qu'on appelait des pays d'états. Dans ces provinces, les représentants des ordres avaient des attributions administratives plus ou moins étendues et fixaient le chiffre ainsi que le mode de la répartition des impôts. Les pays qui avaient leur autonomie à cet égard étaient la Bretagne, la Flandre, l'Artois, la Bourgogne, le Languedoc, le comté de Foix, la Navarre, la Provence.

Mais non seulement la Provence avait une situation des meilleures, elle possédait une condition unique dans l'ancienne France. — On distingue actuellement en droit politique quatre espèces de formes de gouvernement : les États unitaires, les États à union réelle, les États fédératifs, les États à union personnelle. Lorsqu'un pays est annexé à un État *unitaire*, comme la France actuelle, la réunion a pour conséquence de faire perdre au territoire annexé son organisation politique, administrative, civile. — Lorsqu'un État est constitué en union *réelle*, comme le Royaume-uni d'Angleterre et d'Irlande, ou les États qui composent l'Autriche proprement dite ou ceux qui relèvent directement de la couronne de Hongrie, les territoires annexés sont soumis aux lois fondamentales de l'État, mais les institutions locales restent distinctes. — S'agit-il d'un État *fédératif* comme les États-Unis, l'empire d'Allemagne, la Suisse ? le territoire conserve une individualité distincte. Telle est par exemple la situation de l'Alsace-Lorraine, encore qu'on ait craint de l'élever au rang d'État confédéré. L'union *personnelle* crée un lien plus faible encore que le précédent : les deux États n'ont de commun que le chef ; leurs territoires ne se confondent pas : chacun d'eux a un *gouvernement distinct*. Il en est ainsi des *Pays-Bas* et du *Luxembourg*, de la *Suède* et de la *Norvège*, de l'*Autriche* et de la *Hongrie*.

Lors de la réunion à la couronne, les pays annexés gardaient la plupart de leurs lois ou coutumes particulières, en tant que celles-ci n'étaient pas contraires à cet ensemble de règles qu'on appelait les lois fondamentales du royaume, maximes de gouvernement dont quelques-unes seulement avaient été écrites dans des pragmatiques sanctions. Parfois même les franchises des provinces réunies à la couronne étaient maintenues, tantôt pendant un temps, tantôt pendant des siècles. Par le traité du 12 juin 1451 les trois Etats de Bordeaux et du duché de Guyenne stipulèrent qu'il ne serait pas porté atteinte aux franchises, privilèges et libertés des habitants et qu'aucun nouvel impôt ne serait établi. Par l'article 7 du traité qui céda le Dauphiné à Philippe de Valois, il était dit : « Garde Monsieur Philippe (second fils du roi) et ceux qui seront dauphins à toujours toutes les libertés et franchises, privilèges, bons us et bonnes coutumes du Dauphiné. » Le traité qui réunit la Provence à la France lui garantit également le maintien de ses privilèges.

Et elle fut plus heureuse que d'autres provinces : on lui tint parole. Nous venons de parler des promesses faites aux Bordelais en 1451. Or, dès l'année suivante, la taille fut introduite en Guyenne. La province se révolta, et en 1453, après la conquête définitive, le roi ne consentit à laisser aux habitants que la vie et leurs biens. Ils durent renoncer à leurs franchises, et un maire nommé à vie par le roi rem-

plaça leur maire élu.—Au contraire, sous Charles VIII
la Provence et la France passent leur contrat de société.
Sous Louis XII la création d'un parlement, partie
dominante de l'ancienne Constitution française, vint
achever les rapports d'ensemble. Sous François Ier,
sans protestation aucune, la dernière façon fut donnée
au parlement et le sénéchal fut relégué dans les tri-
bunaux subalternes établis à cette époque. A la fin du
règne de Louis XIV, malgré les guerres royales et
ministérielles livrées à la liberté, la Provence avait
encore son parlement nombreux et respecté ; elle avait
encore ses municipes, ses assemblées de viguerie ; et,
si depuis 1640 on ne tenait plus les Etats, l'assemblée
des communautés votait l'impôt et administrait le pays.
L'insurrection des élus avait conservé la représen-
tation populaire et le vote de l'impôt ; l'insurrection
du semestre avait conservé l'intégrité du pouvoir par-
lementaire. Le régime absolu n'eut donc que peu de
prise sur la Provence ; aussi le pays était devenu une
province française à certains points de vue et restait
toujours un Etat principal par le droit.

V.

C'était une union réelle à son plus haut degré ;
l'ancienne France ne pouvait d'ailleurs être guère

considérée comme un Etat unitaire. On pourrait même soutenir que c'était une union personnelle. Le roi de France *dans ses rapports avec la Provence*, portait le titre de comte de Provence comme s'il n'eut existé entre les deux pays qu'une union de cette dernière sorte.

En 1481 Palamède Forbin avait confirmé ou accordé dans le conseil des Etats divers statuts, notamment l'usage du droit romain, la règle qui obligeait le prince à se qualifier comte de Provence, celle qui excluait les étrangers des charges publiques, celle qui déclarait nuls les actes royaux non enregistrés au conseil d'Aix. Jusqu'à Louis XVIII qui, avant de monter sur le trône, portait le titre de comte de Provence, les rois de France n'oublièrent jamais qu'ils avaient seuls le droit de s'appeler de ce nom et qu'ils le devaient dans leurs relations avec le pays.

Aix, 6 et 7 juin 1857.